Yo escucho

I Listen

Joann Cleland
Traducido por Arnhilda Badía

Rourke Publishing
Vero Beach, Florida 32964

Cuando mi maestra me explica las reglas de la clase, yo escucho.

When my teacher tells us the class rules, I listen.

Cuando mi maestro me pide que ayude a mi amigo, yo escucho.

When my teacher asks me to help my friend, I listen.

Cuando mi maestra me enseña cómo usar el globo terráqueo, yo escucho.

When my teacher shows us how to use a globe, I listen.

Cuando mi maestra me ayuda,
yo escucho.

When my teacher helps me, I listen.

Cuando mi maestro dice: –Es hora de limpiar y ordenar– yo escucho.

When my teacher says, “Time to clean up,” I listen.

Cuando mi maestra dice: –Tú has sido muy bueno hoy– yo escucho.

When my teacher says, "You have been very good today!" I listen!

Cuando mi maestro dice: –Es hora de ir a casa– yo escucho.

When my teacher says, "Time to go home," I listen.